CARLOTA ROA

REFRANES EN MÉXICO, JAPÓN Y ÁFRICA
SAYINGS IN MEXICO, JAPAN, AND AFRICA

SALTO AL REVERSO

REFRANES EN MÉXICO, JAPÓN Y ÁFRICA
SAYINGS IN MEXICO, JAPAN, AND AFRICA

Compilado por / Compiled by
© Carlota Roa
Ciudad de México, México, 2024
Mexico City, Mexico, 2024

SALTO AL REVERSO

Primera edición / First edition:
Enero de 2024 / January, 2023

Diseño de título / Title design:
Genaro M. Roa / Carlota Roa
Fotografía de autor / Author's picture:
America Salazar
Ilustraciones / Illustrations:
Carlota Roa / Genaro M. Roa / Kristina Baykshtite

Todos los derechos reservados. Esta publicación no puede ser reproducida, ni en todo ni en parte, ni registrada o transmitida en ninguna forma ni por ningún medio sin el permiso previo por escrito del propietario de los derechos de autor.

All Rights Reserved. No part of this publication may be reproduced, stored in a retrieval system, or transmitted in any form by any means electronic, mechanical, photocopying, or otherwise, without the prior written permission from the copyright owner.

AGRADECIMIENTOS

A todas las personas que promueven la cultura y la lengua. A todos los defensores de la lengua española que preservan sus raíces y tradiciones.

A Carla Paola Reyes por todo su profesionalismo. A Genaro M. Roa por su sabiduría y su amor a mis proyectos.

ACKNOWLEDGEMENTS

To all the people who promote culture and language. To all the defenders of the Spanish language who preserve their roots and traditions.

    To Carla Paola Reyes for all her professionalism. To Genaro M. Roa for his wisdom and his love for my projects.

INTRODUCCIÓN

El propósito de la creación de este libro es recopilar refranes de algunas partes del mundo. He escogido tres países: México, Japón y África.

La preservación de este tipo de dichos es una parte importante de la cultura de cada sociedad. Este libro, que recopila refranes de diferentes países, ayuda a conservar y documentar la riqueza lingüística y la sabiduría transmitida de generación en generación.

El conocimiento intercultural de los refranes del mundo es una excelente herramienta para el entendimiento y la apreciación de diferentes lugares. Al leer y estudiar los textos de diversos países y regiones, las personas pueden aprender sobre las creencias, valores y formas de pensar de otras culturas.

Esto es una forma de inspiración y reflexión; los refranes a menudo contienen sabiduría universal que enriquece y hace meditar a las personas. Sirven como fuente de inspiración y ofrecen perspectivas diferentes sobre la vida y la humanidad.

Los refranes multilingües pueden ser útiles para quienes están aprendiendo nuevos idiomas, ya que proporcionan un contexto cultural y lingüístico que mejora el proceso de aprendizaje de un idioma. Los refranes a menudo se utilizan en conversaciones cotidianas para transmitir ideas de manera concisa y efectiva.

Este libro de refranes del mundo busca aportar valor al preservar la cultura, promover la comprensión intercultural, proporcionar inspiración y reflexión, y enriquecer el conocimiento humano sobre la diversidad de pensamiento y sabiduría en todo el mundo.

¡Gracias!

Carlota Roa
Noviembre de 2023

INTRODUCTION

The purpose of creating this book is to compile proverbs from around the world. I have chosen three countries: Mexico, Japan, and Africa.

The cultural preservation of these sayings is an important part of the culture of each society. This book, which compiles proverbs from different countries, helps preserve and document the linguistic richness and wisdom passed down from generation to generation.

Intercultural knowledge of proverbs from around the world is an excellent tool for understanding and appreciating different places. By reading and studying texts from various countries and regions, people can learn about the beliefs, values, and ways of thinking of other cultures.

This is a source of inspiration and reflection; proverbs often contain universal wisdom that enriches and makes people meditate. It serves as a fount of inspiration and offers different perspectives on life and humanity.

Multilingual proverbs can be helpful for those who are learning new languages, as they provide a cultural and linguistic context that improves the language learning process. Proverbs are often used in everyday conversations to convey ideas concisely and effectively.

This book of proverbs from around the world can be a valuable resource for preserving culture, promoting intercultural understanding, providing inspiration and reflection, and enriching human knowledge about the diversity of thought and wisdom worldwide.

Thank you!

Carlota Roa
November, 2023

MÉXICO / MÉXICO

16

1

«A cada chancho le llega su San Martín».

Cada uno recibe lo que se merece en algún momento u otro. Dicho de otra manera, todos tenemos un destino que, aunque no seamos conscientes, aún está por cumplirse. Este proverbio en particular tiene sus raíces en la tradición agrícola otoñal. En cuanto a San Martín, fue un obispo del siglo IV que, como soldado ecuestre en Tours, Francia, participó en la sofocación de levantamientos violentos.

"Every pig gets its Saint Martin."

Everyone gets what they deserve at some point or another. Put another way, we all have a destiny that, while we may not be aware of, is yet to be fulfilled. This proverb in particular is rooted in autumnal, agricultural traditions. Saint Martin of Tours was a bishop from the 4th century who, as an equestrian soldier, had a hand in quelling violent uprisings.

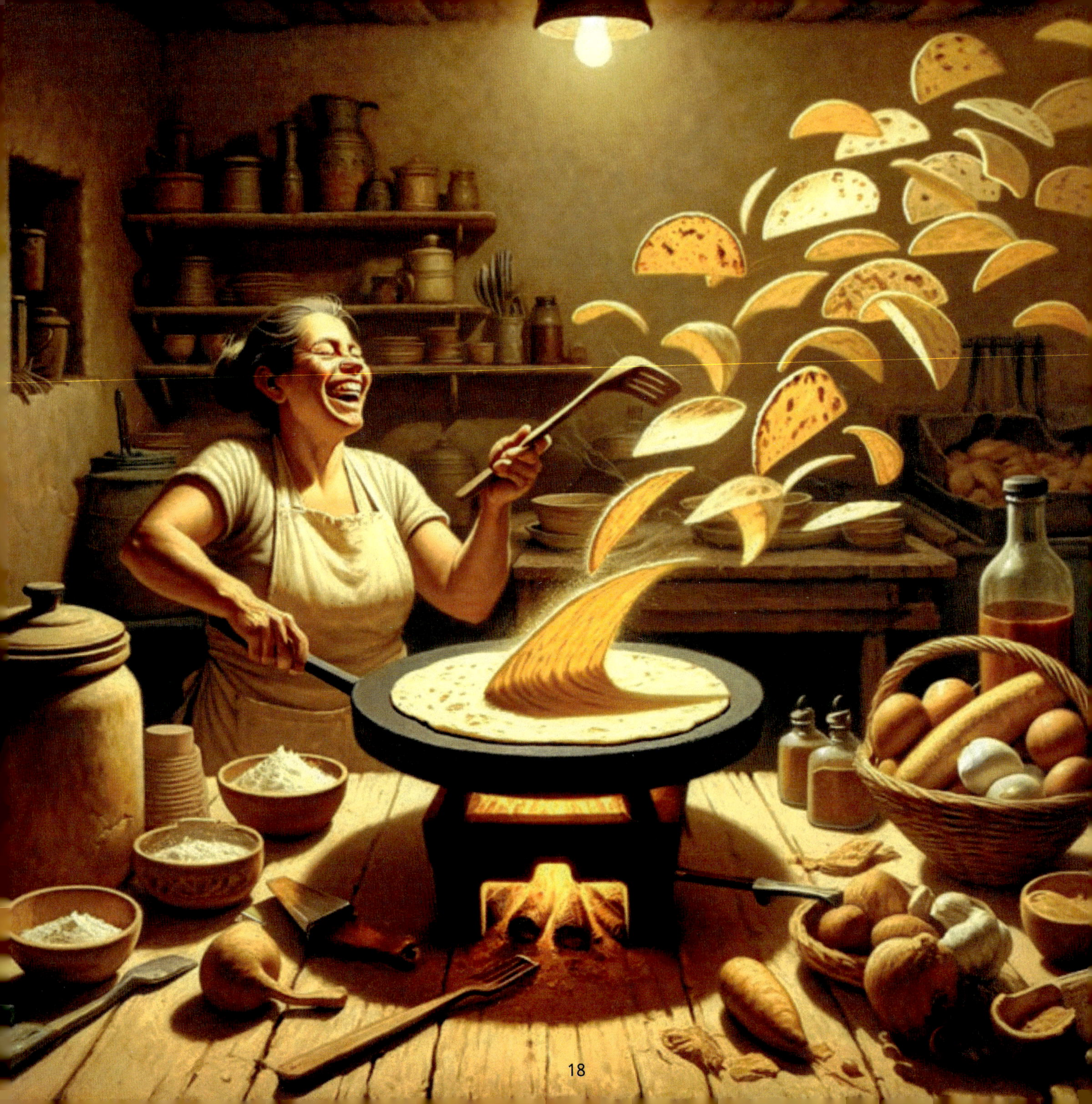

2

«A falta de pan, tortillas».

En tiempos de necesidad, hay que conformarse con lo que esté disponible. Las tortillas son la fuente tradicional de alimentos con carbohidratos de América Latina. Los europeos trajeron el pan al hemisferio occidental, y era una joya exótica que requería ingredientes que no estaban fácilmente disponibles. A veces, no es posible conseguir lo que estamos acostumbrados, por eso debemos volver a lo básico.

"In the absence of bread, tortillas."

In times of necessity, make do with whatever is available. Tortillas are the traditional carbohydrate food source of Latin America. Bread was brought to the Western Hemisphere by the Europeans, and it was an exotic gem that required ingredients that were not readily available. Sometimes, it is not possible to obtain what we are used to, so we must go back to the basics.

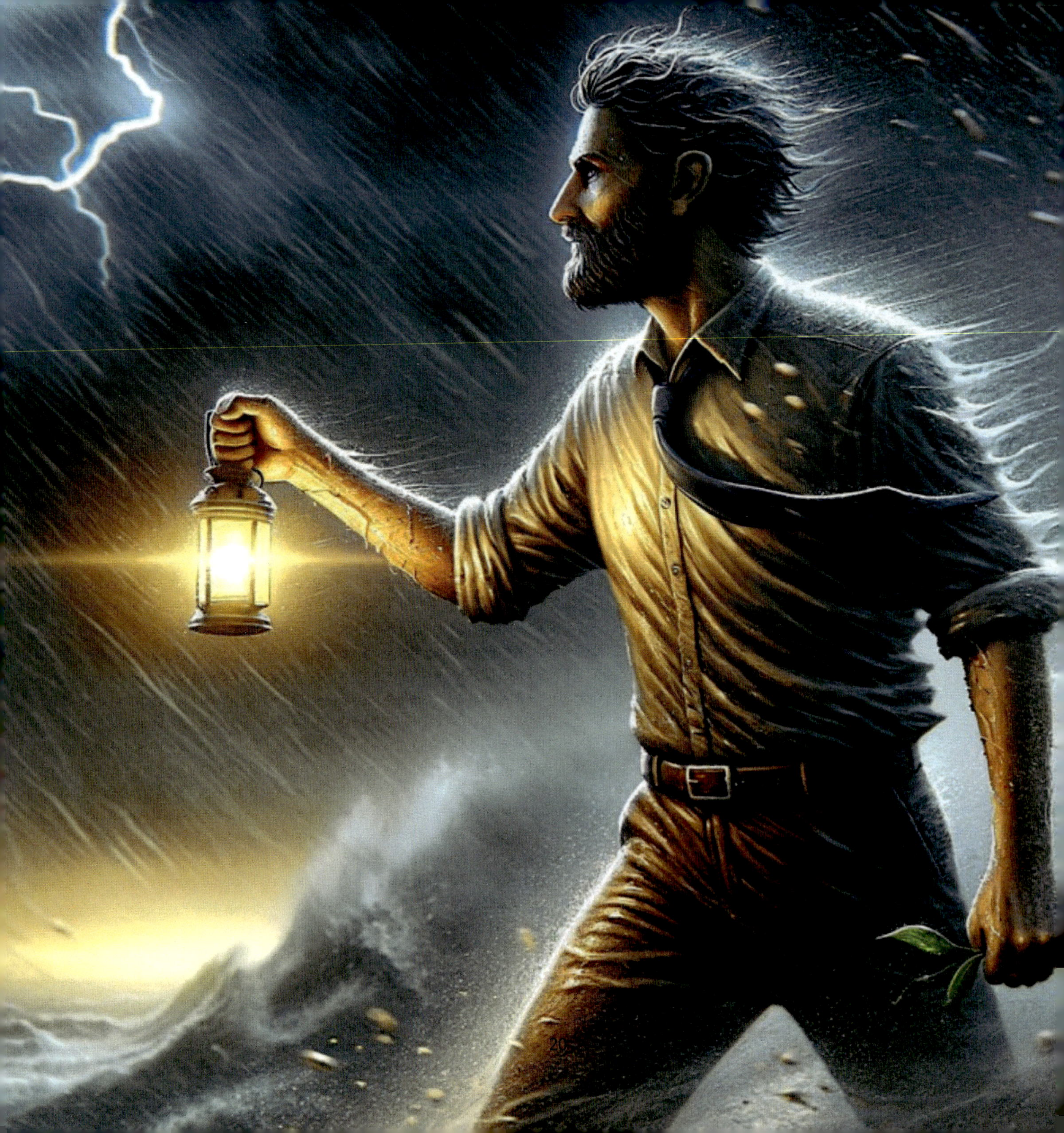

3

«Al mal tiempo, buena cara».

¡Mantén la cabeza en alto! ¡Mantente fuerte! Cuando hace mal tiempo y se avecinan tormentas en la vida, hay que mantener una actitud positiva y una disposición optimista. Para sobrevivir a las tempestades de la fortuna, es importante mantenerse alerta y sonreír hasta que vuelva el sol.

"In bad weather, a good face."

Keep your chin up! Stay strong! When the weather is bad, and the storms of life are brewing, you have to keep a positive attitude and a hopeful disposition. To survive the tempests of fortune, it is important to stay sharp on one's wits, and smile until the sunshine returns.

22

4

«El que mucho abarca poco aprieta».

Si intentas abrazar algo demasiado grande no podrás apretarlo mucho, ¿verdad? Del mismo modo, si uno intenta hacer demasiadas cosas a la vez, probablemente tampoco las hará o no las realizará con cuidado. Es importante dedicar la atención y los esfuerzos a no más de unos pocos objetivos a la vez. De hecho, cuanto más concentrado esté uno en una sola tarea, se concluirá de forma más completa y rápida.

"He who encompasses much squeezes little."

If you try to hug something too big you can't squeeze it very tight, right? By the same token, if one tries to do too many things at once, they will also probably not be done or taken care of very well. It is important to dedicate one's focus and efforts to no more than a few objectives at a time. In fact, the more focused one is on a single task, the more throughly and rapidly it will be completed.

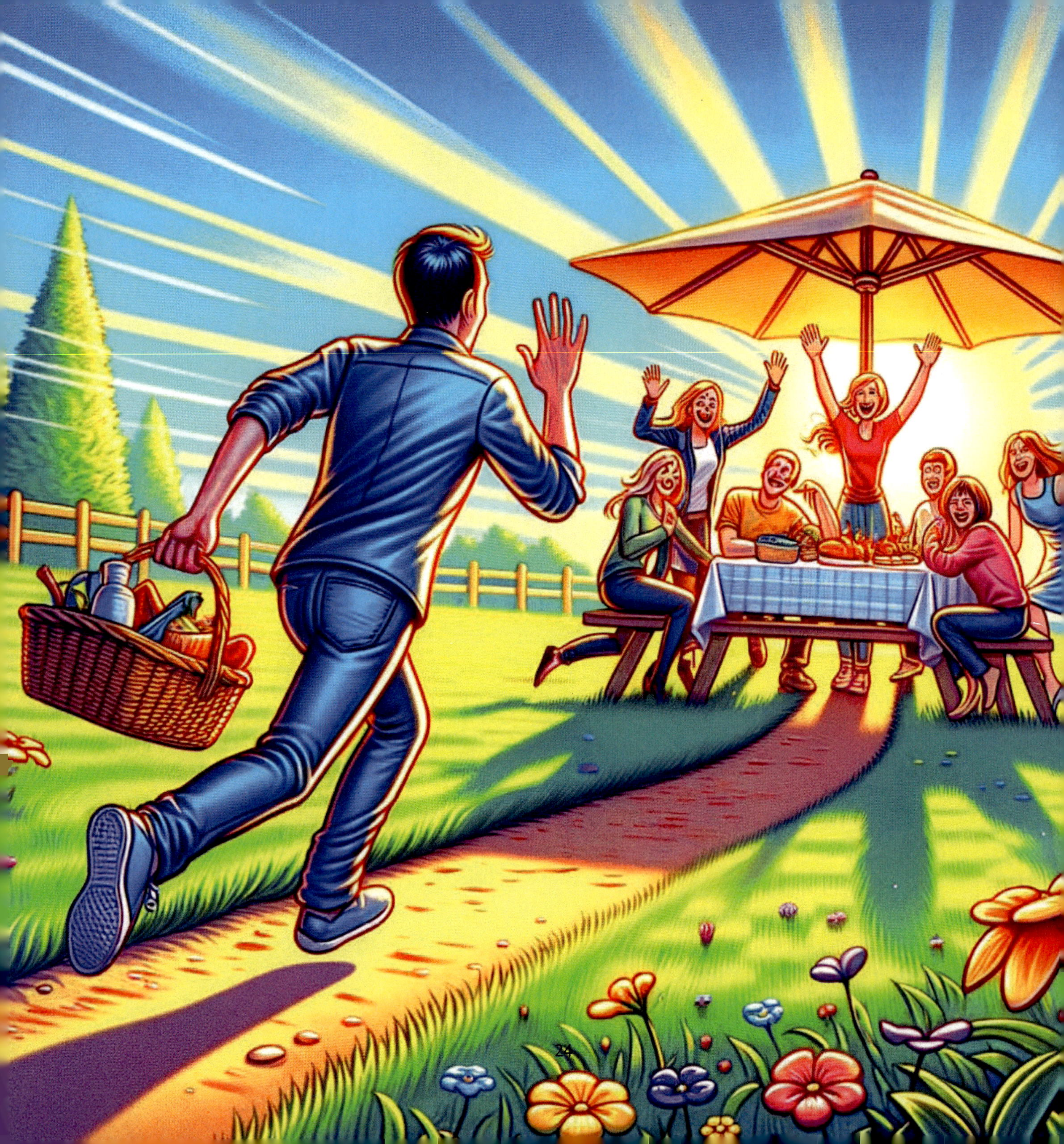

5

«Más vale tarde que nunca».

Es mejor hacer algo tarde que no hacerlo nunca. Aunque puedas sentirte avergonzado o pensar que no vale la pena el esfuerzo, si hay una tarea que debe realizarse, ¡hazla! De lo contrario, el arrepentimiento y la duda pueden perseguirnos posteriormente. No te preguntes: «¿...y si?» ¡Descúbrelo!

"Better late than never."

It is better to do something late than to never do it all. Though one may be embarrassed, or think that it is not worth the effort, if there is a task that must be done, do it! Otherwise, regret and doubt may follow one for the rest of time. Do not ask, "what if?"—find out!

26

6

«El que mucho se ausenta, pronto deja de hacer falta».

Alguien que no está presente, después de que haya pasado suficiente tiempo, probablemente será olvidado. ¡A menos que uno sea famoso! De lo contrario, es importante mantener vivas las conexiones que tenemos con los demás, para que no olvidemos las muchas personas en nuestras vidas. Aunque puede ser más fácil permanecer callado y alejado, ¡puede costarnos la relación!

"He who is often absent soon ceases to be missed."

Someone who is not around, after enough time has passed, will probably be forgotten. Unless one is famous! Otherwise, it is important to keep alive the connections we have with others, lest we forget the many people in our lives. Though it may be easier to remain quiet and afar, the cost could be the relationship!

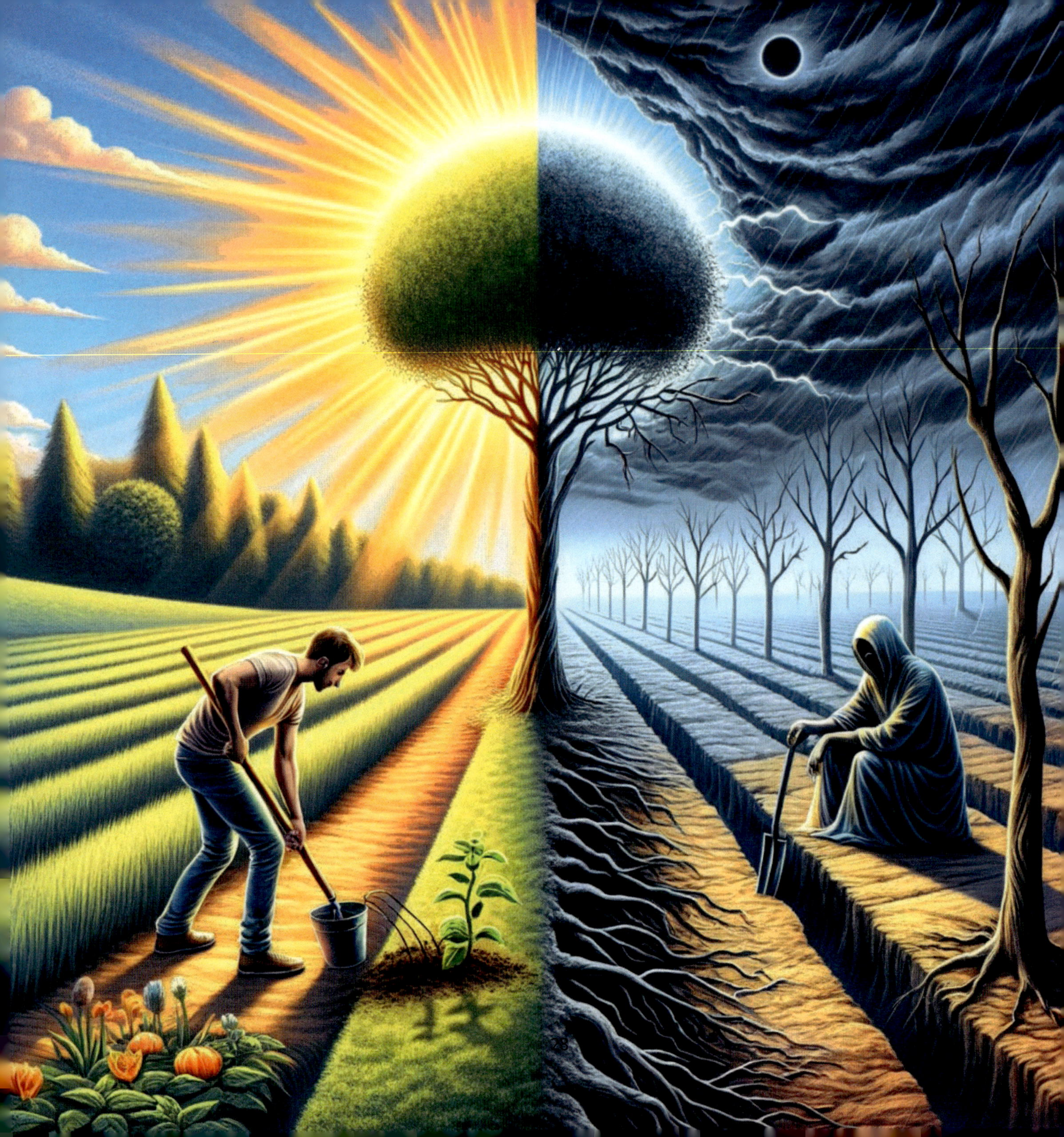

7

«No hay mal que dure cien años ni cuerpo que lo aguante».

Un proverbio que nos recuerda que todos los problemas son temporales y que debemos tener optimismo por un futuro mejor. La paciencia es importante en este sentido, porque así podremos esperar a que pase la naturaleza transitoria de los desafíos de la vida. El proverbio también aborda los límites naturales de la humanidad para soportar las dificultades: debemos tener empatía y comprensión por quienes luchan.

"There is no evil that lasts a hundred years as there is no body that resists it."

A proverb that reminds us that all problems are impermanent, and that we must optimism for a better future. Patience is important in this regard, for then we can wait out the transient nature of life's challenges. The proverb also touches upon humanity's natural limits for enduring hardship that we must have empathy and understanding for those who struggle.

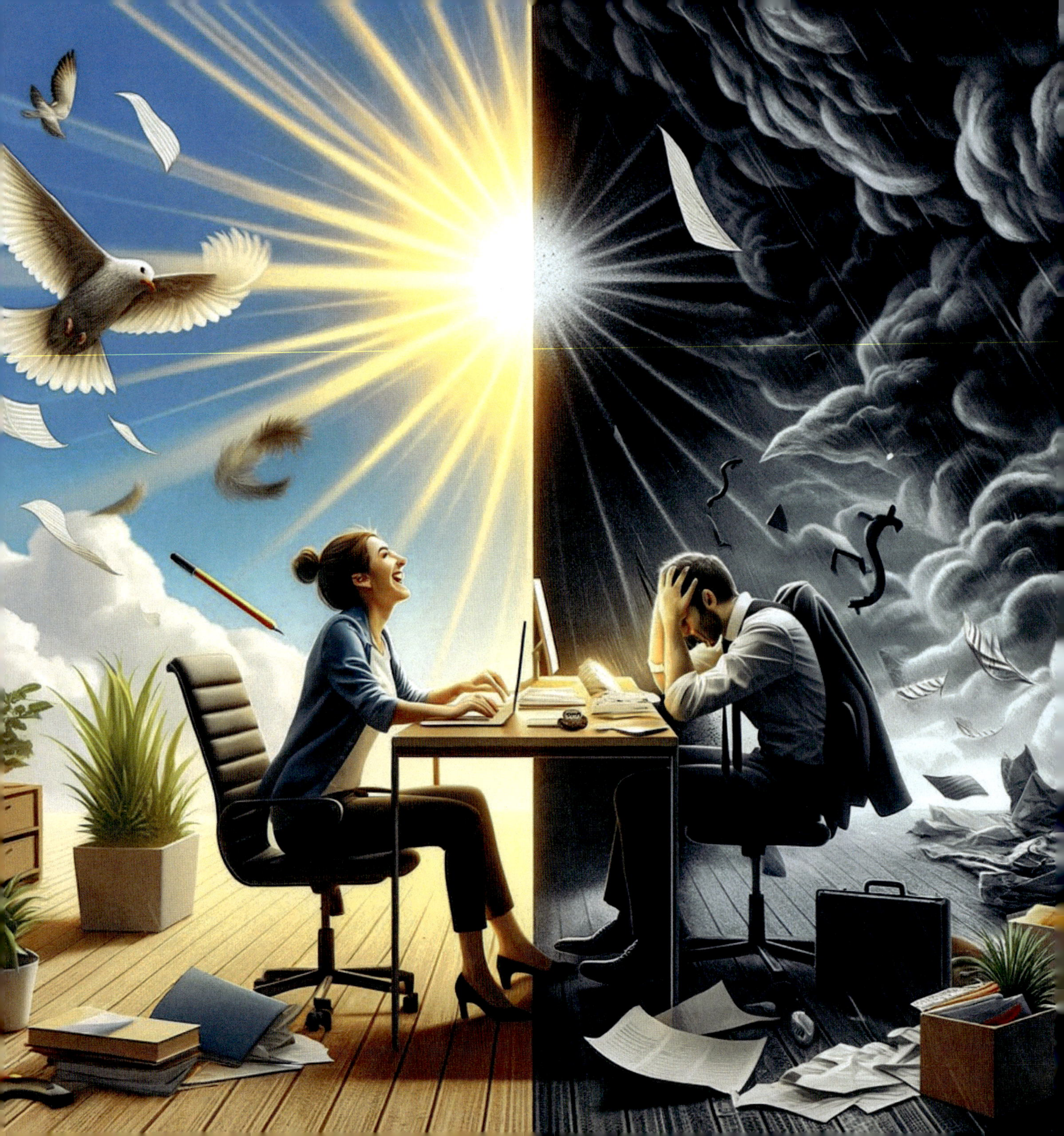

8

«No dejes para mañana lo que puedes hacer hoy».

Un consejo atemporal que fomenta la rapidez y la productividad. Si tienes la oportunidad y la capacidad de completar una tarea o abordar un problema, ¡hazlo! El tiempo es un recurso precioso, no lo desperdiciemos. Aprovechar al máximo el momento presente puede llevarnos a una vida más productiva y feliz.

"Don't leave for tomorrow what you can do today."

A timeless piece of advice encouraging promptness and proactivity. If one has the opportunity and ability to complete a task or address an issue, then do it! Time is a precious resource, let us not waste it. Making the most of the present moment may lead us to a more productive and happy life.

32

9

«Ojos que no ven, corazón que no siente».

Un dicho interesante que indica que es más fácil afrontar situaciones en las que no se conocen todos los detalles. También se plantea que la ignorancia es una bendición. De hecho, evitar ciertos detalles o aspectos de una situación puede prevenir preocupaciones innecesarias. Sin embargo, hay un lado opuesto de esto, una advertencia sobre las posibles consecuencias de no ser consciente de cuestiones importantes.

"What the eye does not see, the heart does not grieve over."

An interesting saying indicating that it is easier to deal with situations in which one does not know all the details. Otherwise posited as ignorance being bliss. Indeed, avoidance of certain details or aspects of a situation can prevent unnecessary worry. However, there is an opposite side of this, a warning for the potential consequences of being unaware of important issues.

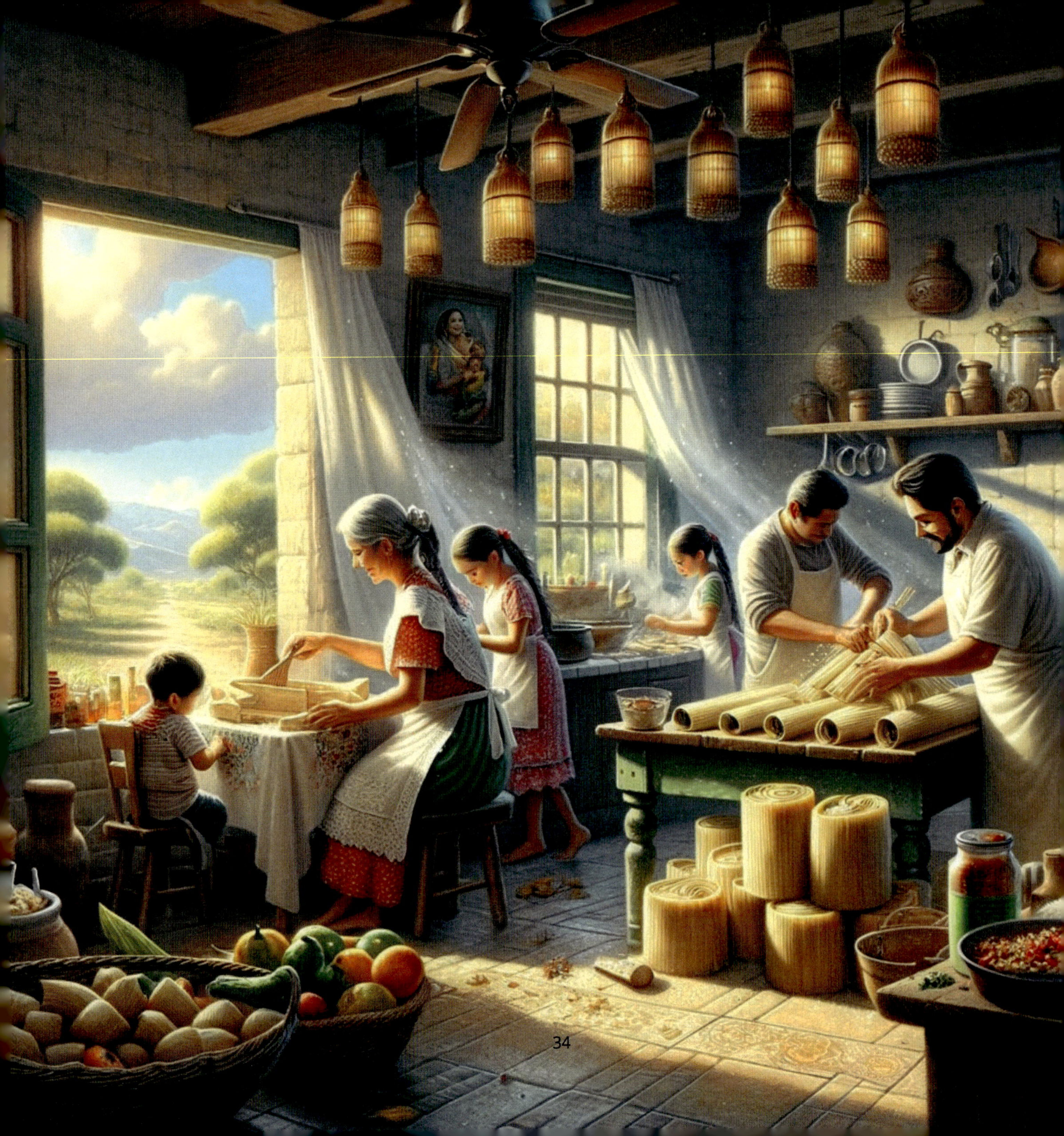

10

«Al que nace para tamal del cielo le caen las hojas».

Un interesante proverbio que sugiere que el destino nos encontrará a cada uno de nosotros. Si estamos destinados a algo, a su debido tiempo eso se realizará. Es una variación del concepto "todos eventualmente obtienen lo que merecen", aunque menos moral y más situacional. Es una noción impositiva, tal vez para recordarnos que todos tenemos un llamado y que, si lo seguimos, la vida fluirá sin problemas y con mayor facilidad.

"If you're born for tamales the leaves fall from the sky."

An interesting proverb that suggests that destiny will find each one of us. If we are meant for something, then in due time that fate will be realized. It is a variation of the concept, "everyone eventually gets what they deserve", albeit less moral and more situational. It is a prescriptive notion, perhaps to remind us that we all have calling, and if we follow it, life will flow smoothly and more easily.

# JAPÓN / JAPAN

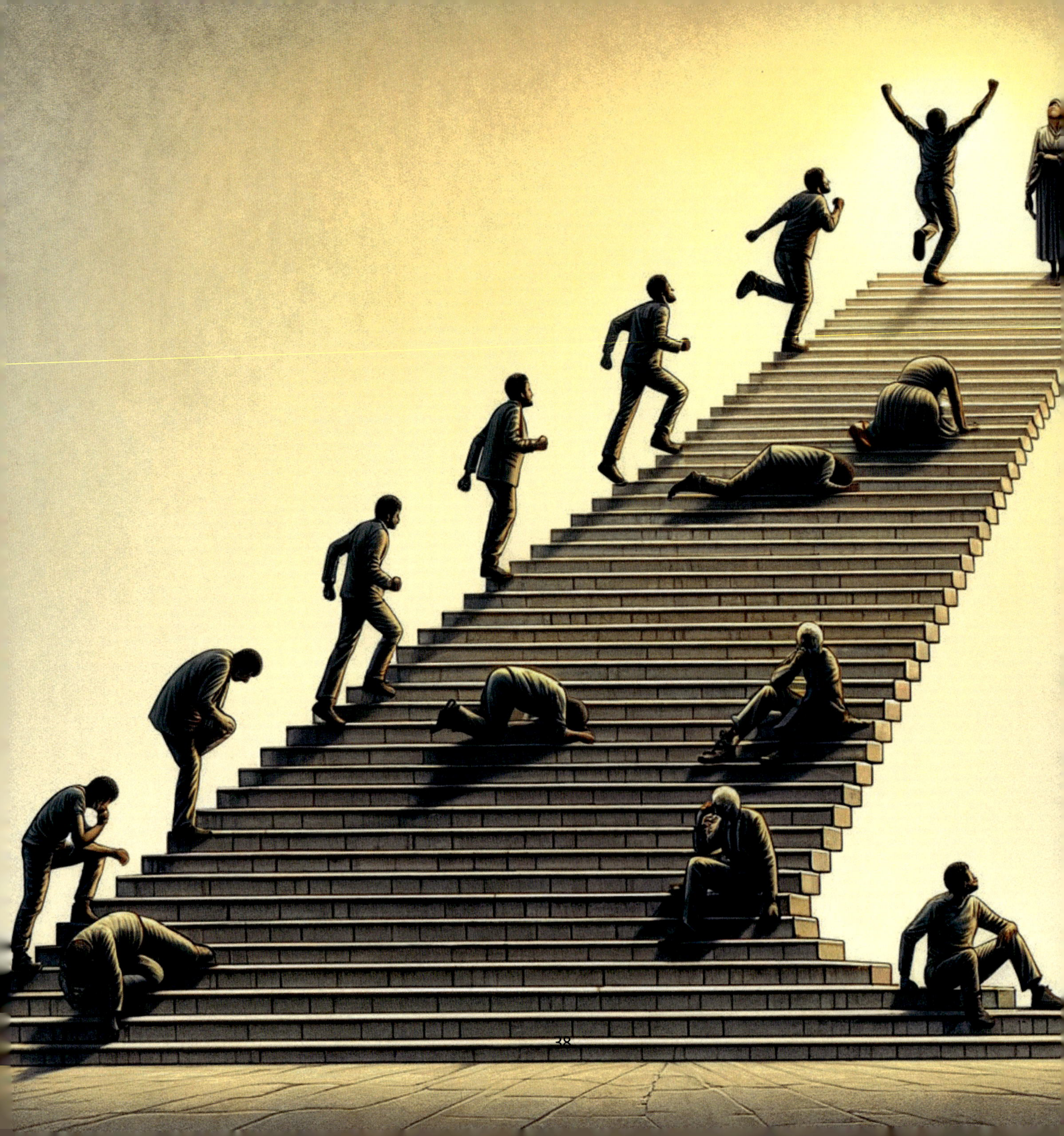

1

«Caer siete veces, levantarse ocho».

Este proverbio refleja un ideal importante y compartido: el concepto japonés de resiliencia. No importa cuántas veces te derriben, debes volver a levantarte. El éxito no tiene por qué ser rápido; lo más importante es que uno haga lo mejor que pueda y sea persistente.

"Fall seven times, stand up eight."

This proverb reflects an important and shared ideal: the Japanese concept of resilience. No matter how many times you get knocked down, you must get up again. Success does not have to be fast—what's more important is that one does their absolute best and remains persistent

40

2

«Si no entras en la guarida del tigre, no obtendrás sus cachorros».

Quien no se aventura no gana nada; No puedes lograr nada sin arriesgar algo. A menudo debemos estar dispuestos a alejarnos de nuestra sensación de seguridad y comodidad para poder cosechar las recompensas del esfuerzo y la aventura. Recuerda, ¡se necesita coraje y audacia para lograr grandes objetivos!

"If you do not enter the tiger's cave, you will not catch its cub."

Nothing ventured, nothing gained; you can't achieve anything without risking something. We need to often be willing to move away from our sense of safety and comfort in order to reap the rewards of endeavor and adventure. Remember, it takes courage and audacity to achieve great goals!

42

3

«Matar dos pájaros de un tiro».

Un viejo proverbio mundialmente famoso con muchas variaciones a lo largo de las culturas. Implica la capacidad de completar dos tareas con una sola acción. ¡Un doble efecto!

"To kill two birds with one shot."

An old, world famous proverb with many variations throughout cultures. It implies the ability to complete two tasks with one action. A double effect!

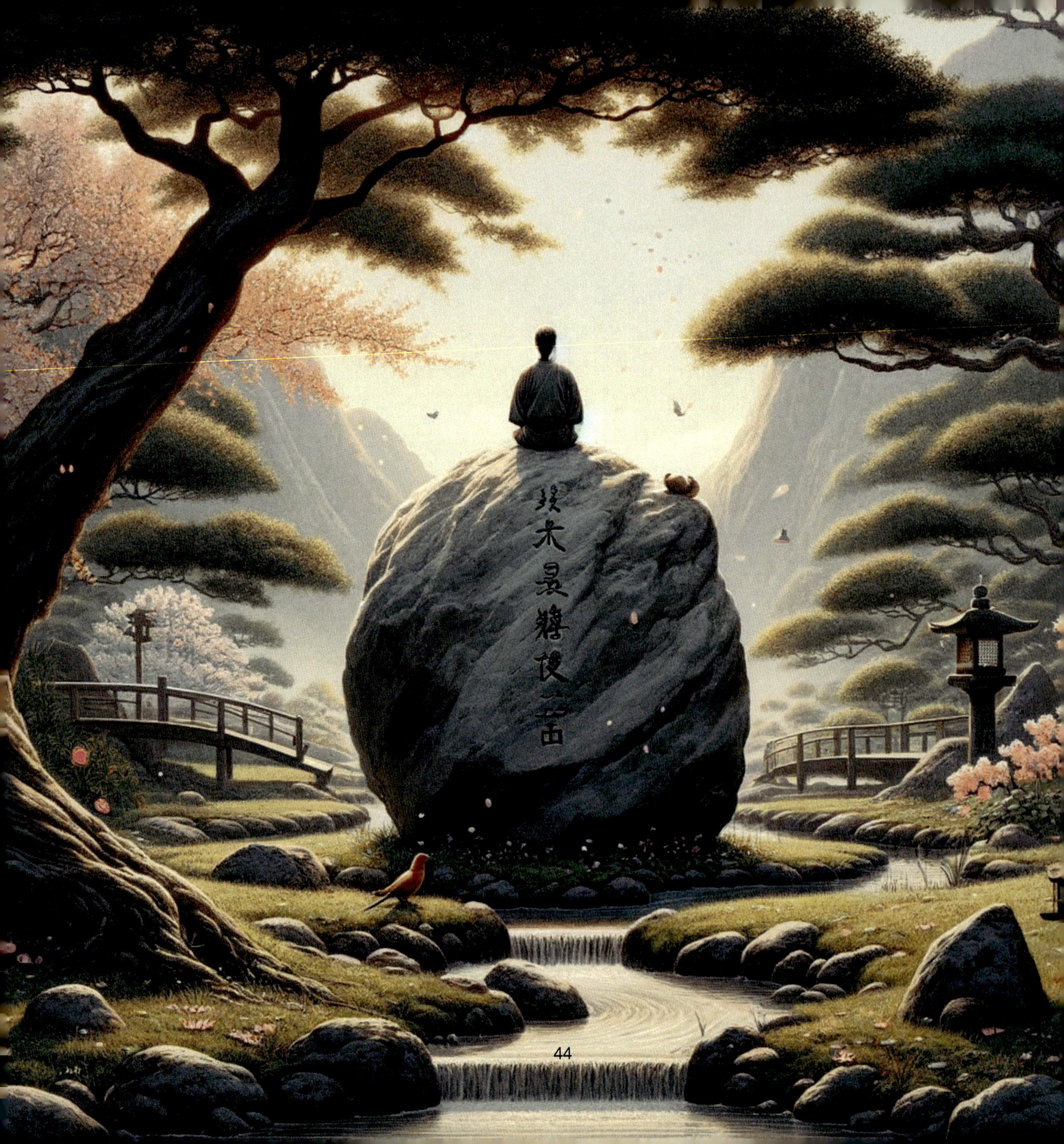

4

«Incluso en una piedra, después de tres años».

Una forma poética de enfatizar la importancia de la paciencia y la perseverancia en la consecución de objetivos a largo plazo. Imagina una roca gigante; es imposible de calentar, ¿verdad? Pero, de hecho, de acuerdo con las leyes de la física, si te sientas en la roca durante el tiempo suficiente, con el tiempo se calentará. Del mismo modo, algunos resultados requieren un largo período de esfuerzo para llegar a su finalización. Recuerda, aunque parezca desalentador, ¡no es imposible!

"Even in a stone, after three years."

A poetic way of emphasizing the importance of patience and perseverance in the pursuit of long-term goals. Imagine a giant boulder; impossible to warm, right? But indeed, in accordance with the laws of physics, if you sit on the boulder for long enough, it will eventually get warm. Likewise, some results require a long timeline of effort to arrive at completion. Remember, even though it may seem daunting, it is not impossible!

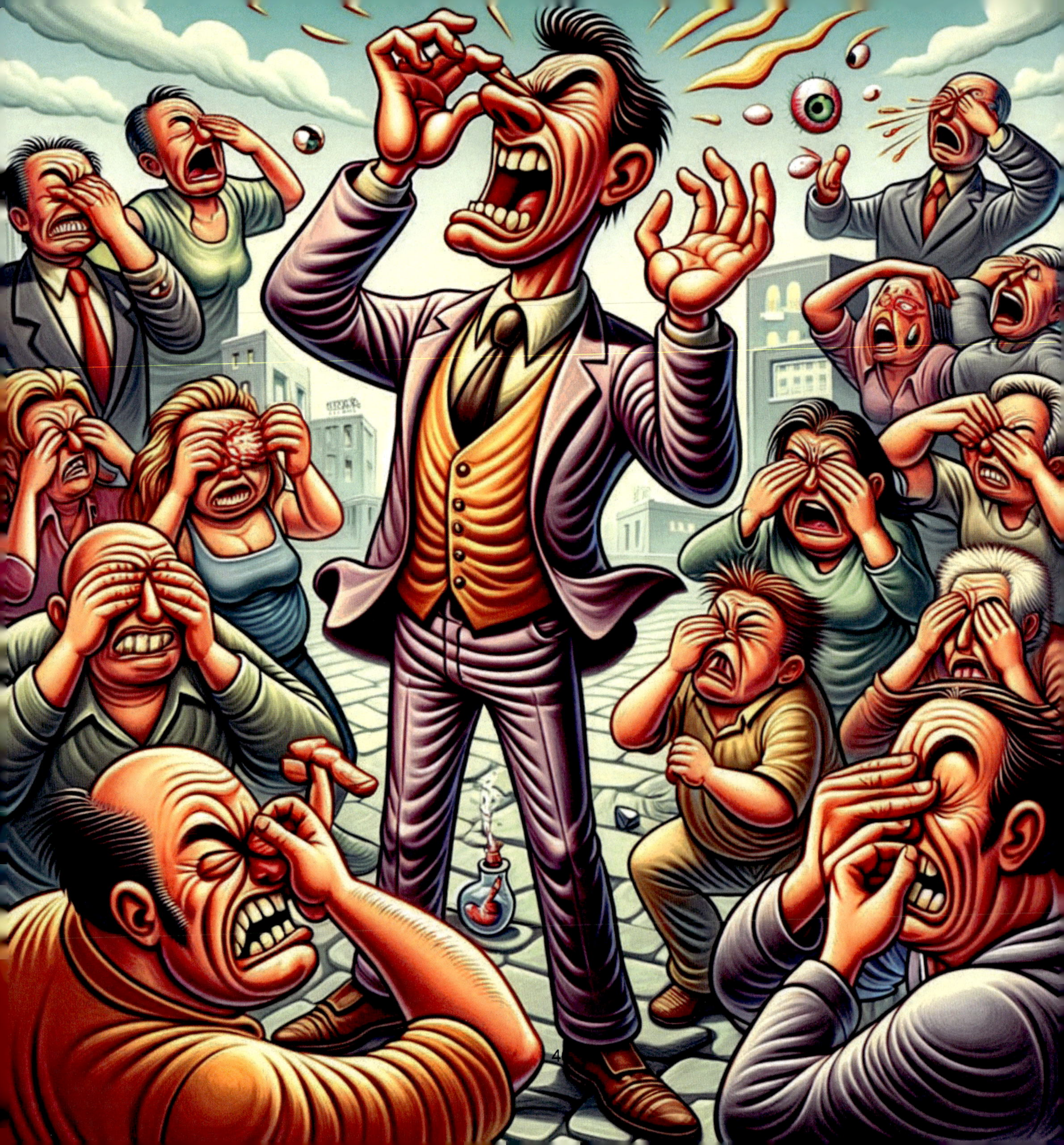

5

«Un grano en el ojo»

¡Qué desagradable! ¡Una auténtica molestia! A uno le molestaría constantemente, no lo suficiente como para hacer la vida imposible, pero sí lo suficientemente como para no poder ignorarlo. No solo una persona, sino cualquier tipo de cuestión que sea un problema persistente, puede clasificarse como un «bulto en el ojo».

"A lump in the eye"

How distasteful! A real nuisance! It would constantly annoy one. Not quite enough to make life impossible, but just bothersome enough that it cannot be ignored. Not only a person, but any kind of issue that is a persistent trouble, can be classified as a "lump in the eye".

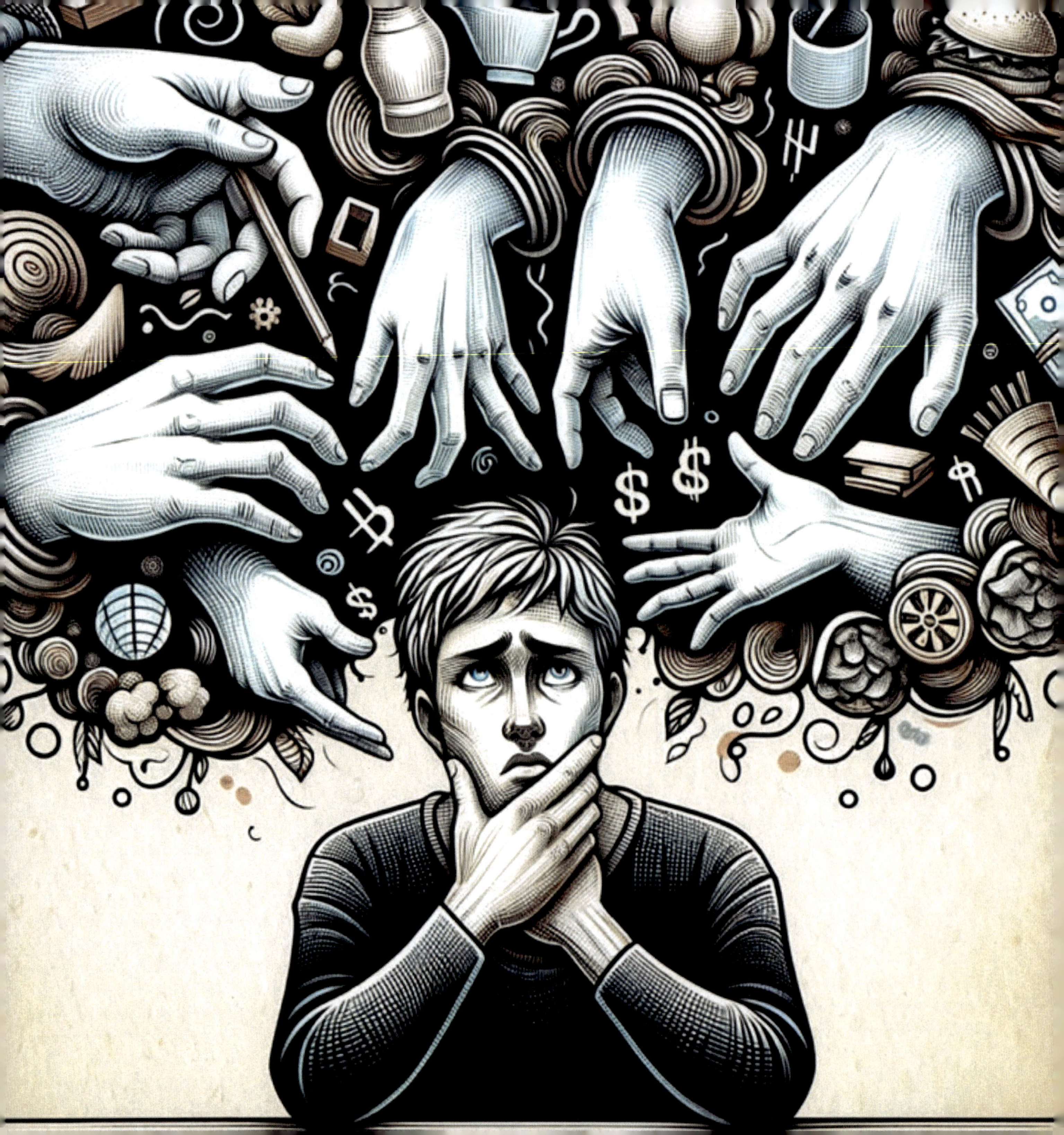

6

«Las manos salen de la garganta».

Un modismo utilizado para describir un entusiasmo extremo o un fuerte deseo por algo, ya sea un objeto, comida o una situación. ¡Imagínate deseando algo con tanta fuerza que tus manos parecen salir de tu boca hacia ello!

"The hands come out of the throat."

An idiom used to describe extreme eagerness or a strong desire for something, whether it be an object, food, or a situation. Imagine wanting something so badly that your hands seem to reach out of your mouth towards it!

50

7

«Incluso los monos se caen de los árboles».

¿Un mono cayendo de un árbol? Imposible, ¿verdad? No tanto. Por supuesto, los monos son expertos en trepar y vivir en los árboles, por lo que no se espera que se caigan de ellos. ¡Pero sucede! De manera similar, este dicho implica que incluso los expertos pueden cometer errores en sus esfuerzos. Recuerda, una persona nunca es infalible y cometer errores es una parte natural de la vida y del aprendizaje.

"Even monkeys fall from trees."

A monkey falling from a tree? Impossible, right? Not so. Of course, monkeys are adept at climbing and living in trees, so they are not expected to fall off them. But it happens! Similarly, this saying implies that even experts can blunder in their endeavors. Remember, a person is never infallible, and making mistakes is a natural part of life and learning.

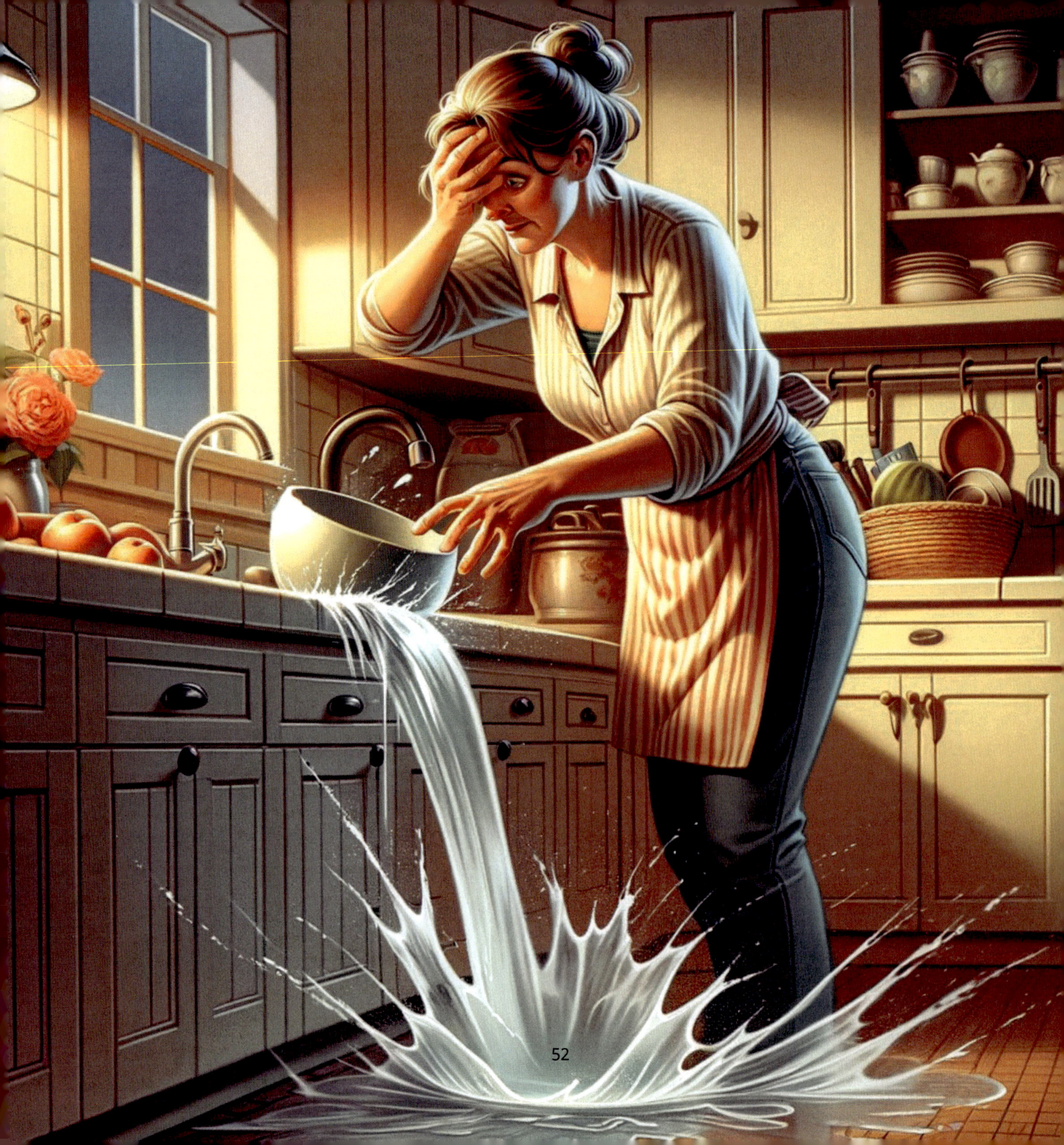

8

«El agua derramada no vuelve al plato».

De hecho, el agua derramada de un recipiente no se puede devolver fácilmente a él. Este proverbio sugiere que una vez hecho algo, no se puede deshacer y hay que vivir con las consecuencias. Por lo tanto, recordemos siempre la importancia de una cuidadosa consideración y reflexión, ya que algunas decisiones o acciones no se pueden revertir.

"Spilled water does not return to the bowl."

Indeed, water spilled from a bowl cannot be easily returned to it. This proverb suggests that once something is done, it cannot be undone, and one must live with the consequences. So, let us always remember the importance of careful consideration and thought, as some decisions or actions cannot be reversed!

54

9

«Recitar sutras a los oídos de un caballo».

Un sutra es un antiguo verso religioso de sabiduría. Ahora bien, ¿de qué le sirve eso a un caballo? De nada en absoluto. De manera similar, este proverbio nos dice que compartir sabiduría o conocimiento con alguien que es incapaz de comprenderlo o apreciarlo es inútil. No pierdas esfuerzo ni tiempo; trata de asegurarte de que quienes escuchan o aquello sobre lo que se estás actuando sean receptivos a tu ayuda o consejo.

"Reciting sutras into the ears of a horse."

A sutra is an ancient religious verse of wisdom. Now, what good is that to a horse? None at all. Similarly this proverb tells us that sharing wisdom or knowledge with someone who is incapable of understanding or appreciating it is futile. Do not waste effort or time—try to make sure that those who listen or that which is being acted upon will be receptive to your help or advice.

ÁFRICA / AFRICA

58

1

«El que no puede bailar dice que la pista está inclinada».

Un truco humano común: los individuos culpan de sus deficiencias o fracasos a factores externos en lugar de reconocer su propia falta de habilidad o esfuerzo. ¡Qué tonto sería si un mal bailarín le echara la culpa a la pista! En todo caso, un buen bailarín destacaría en cualquier tipo de suelo, ya sea irregular o no. Así que reflexionemos sobre nosotros mismos y consideremos nuestras responsabilidades y roles en cualquier fracaso o problema, en lugar de buscar chivos expiatorios en un intento de salvar nuestro orgullo.

"He who cannot dance says the floor is uneven."

A common human trick—individuals blame their shortcomings or failures on external factors rather than acknowledging their own lack of skill or effort. How silly would be if a bad dancer were to blame the floor! If anything, a good dancer would excel on any kind of floor, uneven or otherwise. So let us self-reflect and consider our responsibilities and roles in any failure or problem, instead of finding scapegoats in an attempt to spare our pride.

60

2

«La cabra no sabe lo que le espera en el mercado».

Imagínense una cabra paseando por el mercado, ¡qué feliz es! Pero ¡ay!... Del mismo modo, es posible que alguien no sea consciente del peligro o desgracia inminente que está a punto de afrontar. Este proverbio sirve como recordatorio de la imprevisibilidad de la vida y del hecho de que a menudo no somos conscientes de lo que nos depara el futuro. Por lo tanto, es importante intentar estar lo más informado posible en todas las situaciones, ¡puede resultar invaluable!

"The goat doesn't know what awaits it in the market."

Imagine a goat strolling about in the market, how happy it is! But alas… Similarly, someone may be unaware of the impending danger or misfortune they are about to face. This proverb serves as a reminder of the unpredictability of life and the fact that we are often unaware of what the future holds. So, it is important to try to be as informed as possible in all situations, it may prove to be invaluable!

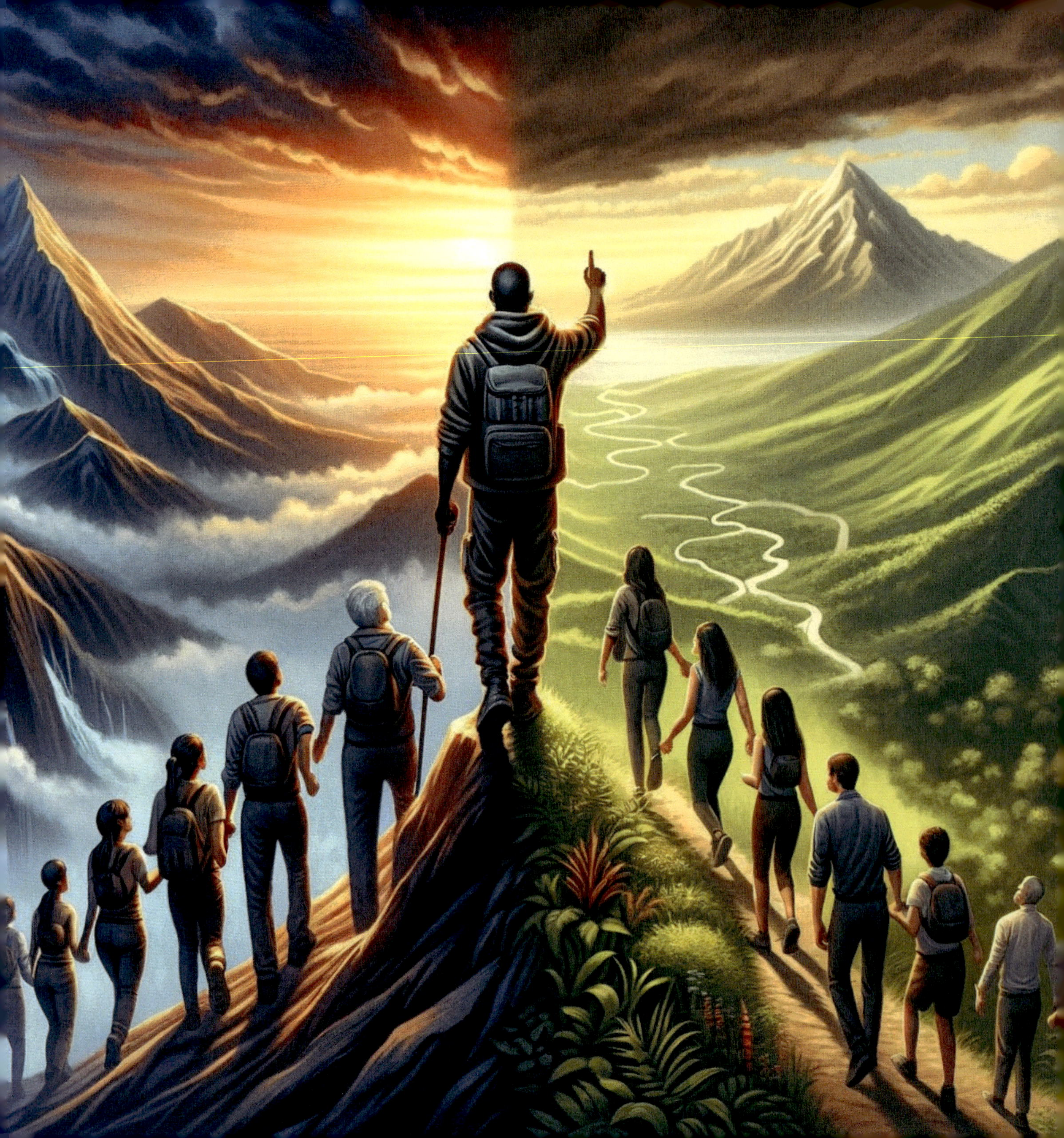

3

«Si quieres llegar rápido, camina solo. Si quieres llegar lejos, camina acompañado».

Este proverbio sugiere el valor de la colaboración y la asociación para lograr logros significativos o duraderos. Si bien el esfuerzo individual puede conducir a resultados rápidos, el éxito duradero a menudo requiere del apoyo, la sabiduría y el compañerismo de los demás. El esfuerzo colectivo puede conducir a logros mayores y más sostenibles que los esfuerzos individuales. Entonces, ¡camina con un amigo!

"If you want to get there quickly, walk alone. If you want to go far, walk accompanied."

This proverb suggests the value of collaboration and partnership in achieving long-lasting or significant accomplishments. While individual effort might lead to quick results, enduring success often requires the support, wisdom, and companionship of others. Collective effort can lead to greater, more sustainable achievements than solo endeavors. So, walk with a friend!

64

4

«La paciencia es el mejor médico».

¡De hecho, ¡la paciencia es una virtud! Es crucial para afrontar los desafíos, especialmente aquellos relacionados con la salud o las dificultades personales. Muchos problemas o dolencias pueden mejorar o resolverse con el tiempo con un enfoque paciente y tranquilo, ya sea en cuestiones del cuerpo, el corazón o la mente. Así que, si la vida es abrumadora y problemática, ¡no entres en pánico! Respira y recuerda tener paciencia.

"Patience is the best doctor."

Indeed, patience is a virtue! It is crucial in dealing with challenges, especially those related to health or personal difficulties. Many problems or ailments can improve or resolve over time with a patient and calm approach, whether it be in matters of the body, the heart, or the mind. So if life is overwhelming and troublesome, do not panic! Take a breath and remember to be patient.

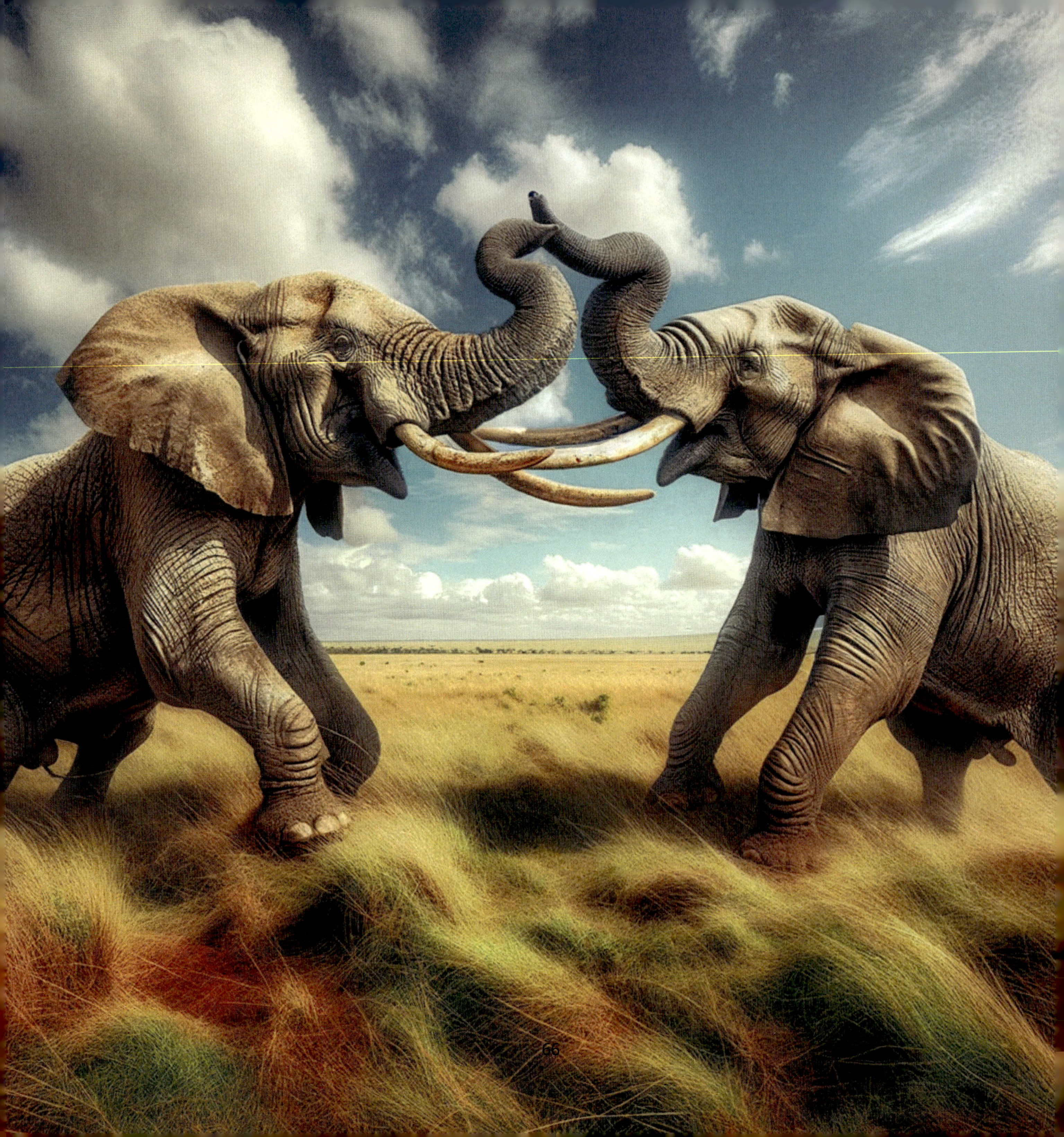

5

«Cuando los elefantes luchan, la hierba sufre».

Una metáfora que enfatiza las consecuencias no deseadas o daños colaterales que ocurren cuando seres poderosos se involucran en conflictos. Los elefantes son poderosos, la hierba es débil e indefensa. ¡Ay de la hierba! No ha hecho nada para merecer ese trato. Asimismo, quienes están en el poder deben recordar que son innumerables los que se ven afectados por sus acciones, incluida la propia naturaleza. Recuerda, un gran poder conlleva una gran responsabilidad.

"When elephants fight, the grass suffers."

A metaphor emphasizing the unintended consequences or collateral damage that occurs when powerful beings engage in conflicts. The elephants are powerful, the grass is weak and defenseless. Woe to the grass! It has done nothing to deserve such treatment. Likewise, those in power must remember that there are countless who are affected by their actions, including nature itself. Remember, with great power comes great responsibility.

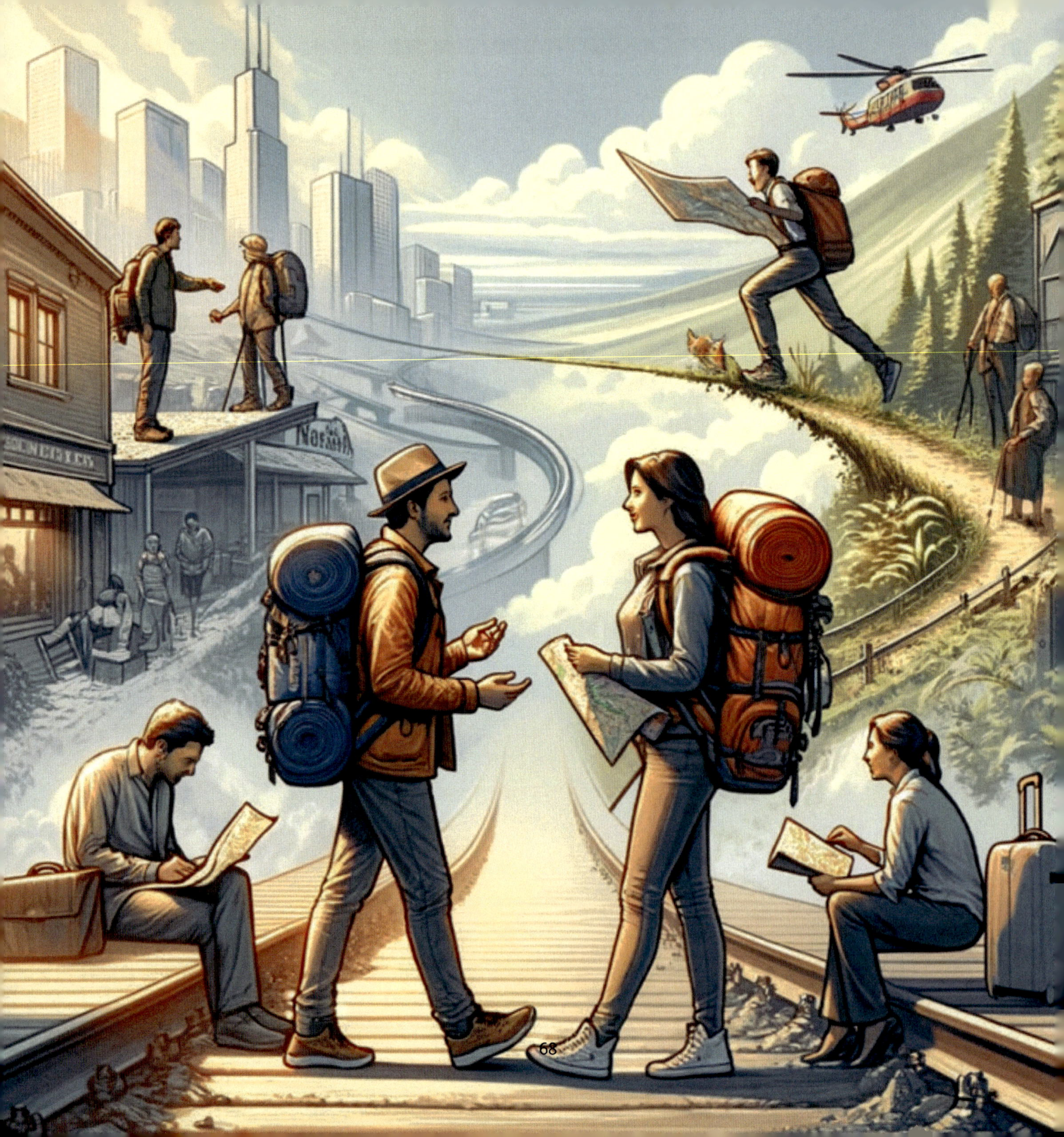

6

«Si quieres conocer a alguien, viaja con él».

Viajar a menudo implica navegar por territorios desconocidos, encontrando obstáculos inesperados. Si viajas con alguien, como compañeros deben tomar decisiones en conjunto y esto sacará a relucir varios aspectos de una persona, incluyendo cómo maneja los desafíos, cómo interactúa con los demás, cómo se adapta a nuevas situaciones. En esencia, durante el viaje, es más fácil y en ocasiones obligatorio que emerja el verdadero «yo» de una persona.

"If you want to get to know someone, travel with them."

Traveling often involves navigating through unfamiliar territories, encountering unexpected obstacles. If you travel with someone, as companions you must take decisions together and this bring out various aspects of a person, such as how they handle challenges, interact with others, adapt to new situations. In essence, during travel, it is easier and at times mandatory for a person's true self to emerge.

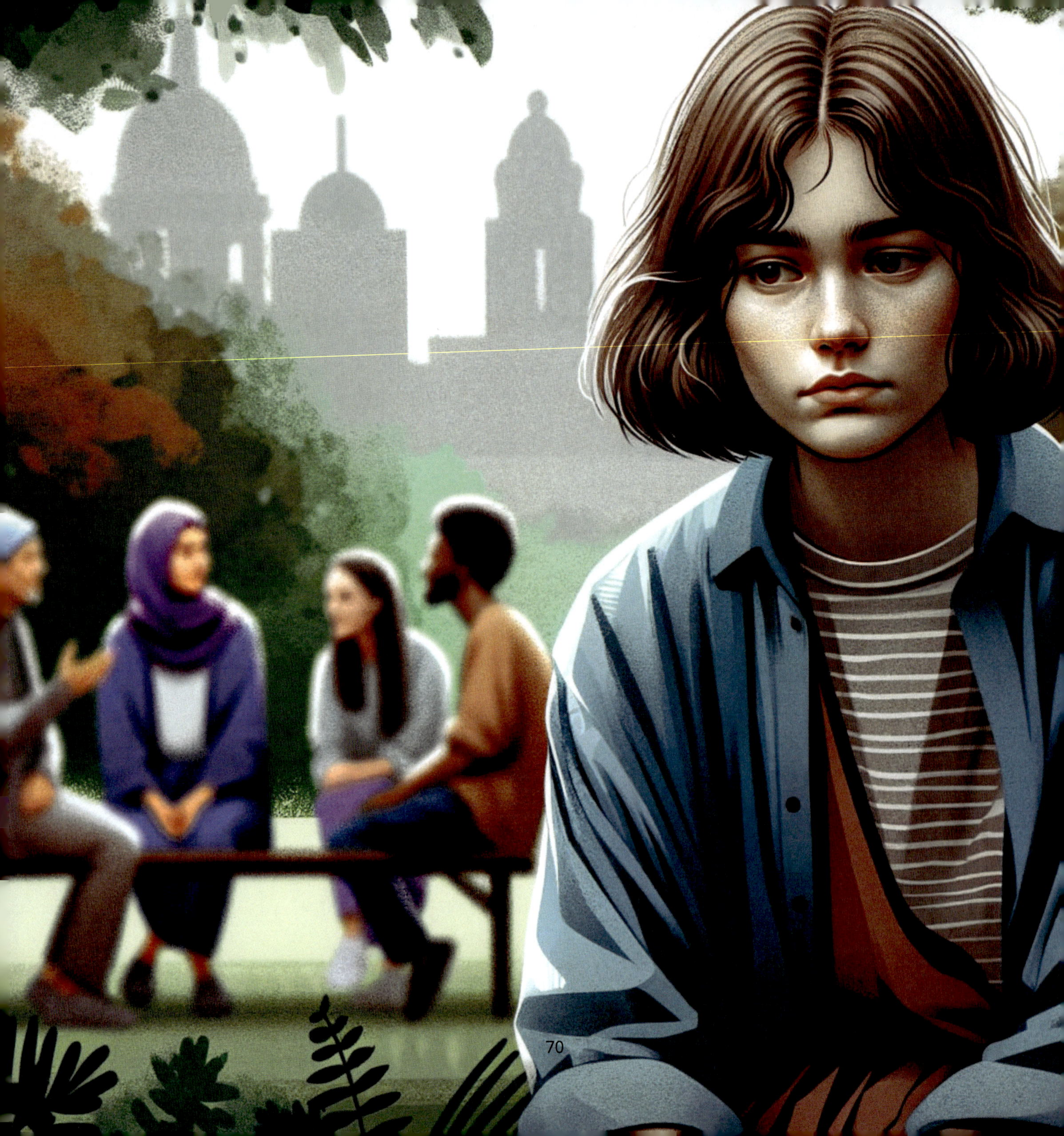

7

«La lengua no tiene huesos, pero es lo suficientemente fuerte como para romper corazones».

De hecho, aunque las acciones físicas pueden dejar heridas visibles, las palabras tienen la capacidad de dañar profundamente a las personas emocional y psicológicamente. Debemos recordar utilizar el lenguaje con cuidado y responsabilidad, para evitar daños innecesarios mediante palabras crueles o descuidadas. En lugar de ello, promovamos la empatía y la comprensión con nuestro discurso además de con nuestras acciones.

"The tongue has no bones, but it is strong enough to break hearts."

Indeed, while physical actions may leave visible wounds, words have the ability to deeply harm people emotionally and psychologically. We must remember to use language carefully and responsibly, in order to prevent unnecessary harm through careless or cruel words. Let us instead promote empathy and understanding with our speech in addition to our actions.

72

8

«No importa cuánto dure la noche, el día finalmente amanece».

Un proverbio para la esperanza y el optimismo incluso en tiempos oscuros. Nada es permanente, y con este conocimiento encontramos resiliencia dentro de nosotros para mejorar nuestras circunstancias. Recordemos a nosotros mismos y a los demás que los desafíos son temporales y que eventualmente llegarán días mejores.

"No matter how long the night lasts, the day eventually dawns."

A proverb for hope and optimism even during dark times. Nothing is permanent, and with this knowledge we find resilience within us for improve our circumstances. Let us remind ourselves and others that challenges are temporary and that brighter days will eventually arrive.

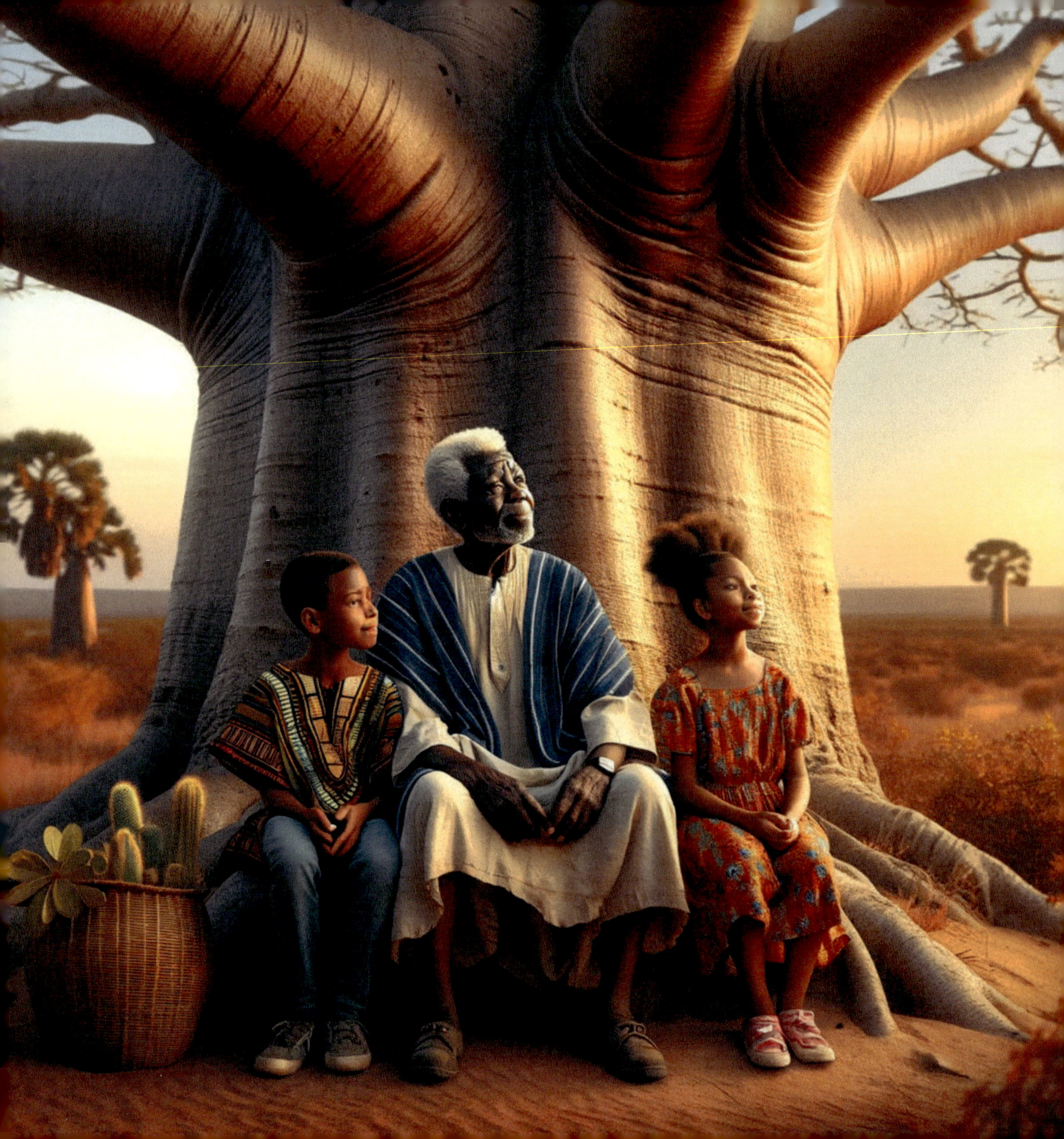

9

«Quien escucha la voz del anciano es como un árbol fuerte».

Podemos llegar a ser como un árbol formidable y bien arraigado al escuchar la valiosa sabiduría y guía de una persona mayor. Nos proporcionará fuerza y estabilidad. Es importante respetar la sabiduría que viene con la edad. Nos vendría bien escuchar, prestar atención a las advertencias y considerar los consejos de las personas mayores que han pasado por muchas, si no es que todas, las pruebas y tribulaciones de la vida. De esta manera, podemos resistir las tormentas de la vida como un árbol grande y fuerte.

"Whoever hears the voice of the old man is like a strong tree."

We can become like a formidable and well-rooted tree by listening to the valuable wisdom and guidance of an elderly person. It will provide us strength and stability. It is important to respect the wisdom that comes with age. We would be well-served to listen, heed the warnings, and consider the advice of the elderly who have gone through many, if not all, of life's trials and tribulations. In this manner, we can withstand the storms of life like a large, strong tree.

76

10

«El que tiene prisa se cae».

Este dicho advierte contra los riesgos potenciales y las consecuencias negativas de actuar apresuradamente. De hecho, la impaciencia y el deseo de actuar demasiado rápido pueden provocar errores, accidentes o fracasos. ¿Por qué? Bueno, las acciones cuidadosas y deliberadas suelen tener más éxito que las decisiones apresuradas. Un enfoque mesurado y paciente de las situaciones y elecciones puede conducir a mejores resultados y prevenir errores evitables.

"He who is in a hurry falls."

This saying cautions against the potential risks and negative consequences of rushing or acting hastily. Indeed, impatience and a desire to move too quickly can lead to mistakes, accidents, or failure. Why so? Well, careful and deliberate actions are often more successful than rushed decisions. A measured and patient approach to situations and choices can lead to better outcomes and prevent avoidable errors.

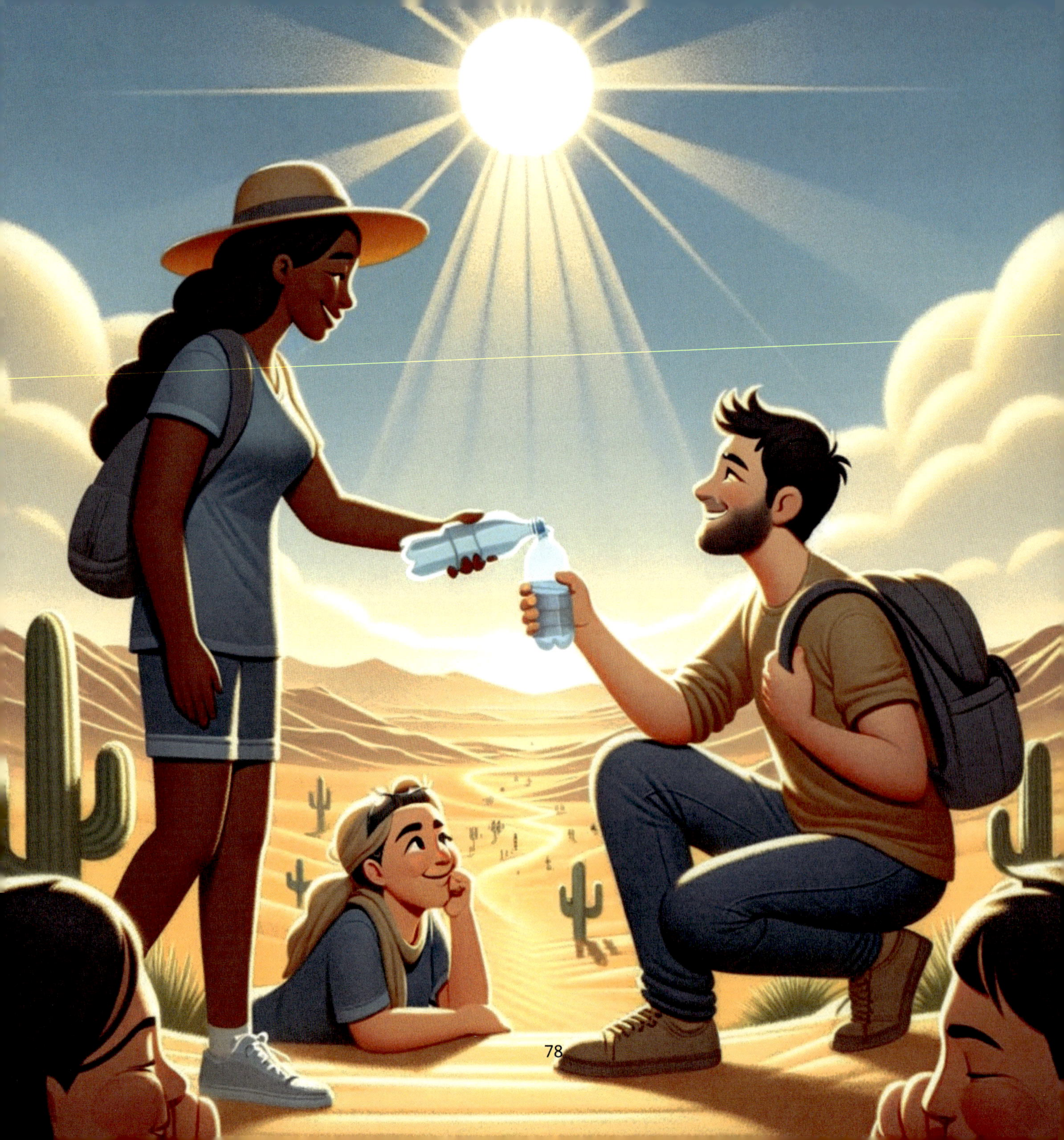

11

«Un amigo es como una fuente de agua durante un viaje largo».

Los amigos desempeñan un papel vital y de apoyo en nuestras vidas, al igual que una fuente de agua es crucial durante un viaje largo y desafiante. El agua es la esencia de la vida y absolutamente necesaria durante una travesía prolongada y ardua. Asimismo, los amigos ofrecen apoyo, compañía y alimento emocional durante el camino de la vida. ¡Apreciemos, pues, la amistad, porque es el don más generoso!

"A friend is like a source of water during a long trip."

Friends play a vital and supportive role in our lives, much like a source of water is crucial during a lengthy and challenging journey. Water is the essence of life, and absolutely necessary during a long and arduous trip. Likewise, friends offer support, companionship, and emotional nourishment during the journey of life. So let us cherish friendship, for it is a most bountiful gift!

SOBRE LA AUTORA
ABOUT THE AUTHOR

Carlota Roa nació en la década de 1960, en la era dorada de la Ciudad de México. Es una artista visual, escritora y profesora de español desde hace varios años.

Originaria de la capital, Roa desarrolló su arte a través de la lente de sus paletas de colores, diversificando la urbanidad siempre con un toque encantador. Buscando una revolución creativa y espiritual dentro de sí misma, Roa emigró a California a finales de la década de 1980. Se instaló en el Área de la Bahía, racialmente polarizada, experimentando de primera mano la fricción y simbiosis simultáneas de la coexistencia de latinos y blancos. Roa ha mantenido una exitosa carrera como profesora de español y ha enseñado en algunas de las escuelas más prestigiosas del Área de la Bahía. Carlota Roa es una profesora, poeta publicada y previamente fotógrafa profesional.

Ahora, Roa busca comunicar su comprensión profunda e idiosincrásica de la cultura mexicoamericana a través de la prosa, talleres educacionales y fotografía, en celebración de una vida ricamente vivida, para inspirar a otros a trascender las barreras sociales en el espíritu de la cohesión humanitaria.

Carlota Roa was born in Mexico City in the 1960s ; she is a long-time visual artist, writer and Spanish teacher.

Raised in the capital, Roa developed her artistry through the lens of its fractalized color palettes of enchanting urbanity. Seeking a creative and spiritual revolution within herself, Roa emigrated to California in the late 1980's and settled in the racially polarized Bay Area, experiencing first-hand the simultaneous friction and symbiosis of Latino and White coexistence.

Roa went on to a successful career as a Spanish teacher, and has taught for some of the most prestigious schools in the Bay Area. Her endeavors include being a published poet and a professional photographer.

Now, Roa seeks to communicate her profound and idiosyncratic understanding of Mexican-American culture through prose, seminars and photography, in celebration of a life richly lived, as well as to inspire others to transcend social barriers in the spirit of humanitarian cohesion.

ÍNDICE / INDEX

AGRADECIMIENTOS..7

ACKNOWLEDGEMENTS...9

INTRODUCCIÓN..11

INTRODUCCIÓN..13

REFRANES EN MÉXICO, JAPÓN Y ÁFRICA
SAYINGS IN MEXICO, JAPAN AND AFRICA

México / Mexico...15
Japón / Japan...37
África / Africa...57

SOBRE LA AUTORA..82

ABOUT THE AUTHOR..83

Made in the USA
Middletown, DE
05 December 2024